Chers lecteurs,

Bienvenue dans le premier volume de notre série, **"De Zéro à Boss : 8 idées pour créer un Business rentable"**, où nous explorons ensemble le chemin transformateur de l'entrepreneuriat. Ce livre est né d'une passion profonde pour l'innovation, l'esprit d'entreprise, et bien sûr, l'amour inconditionnel pour la gastronomie française.

Mon voyage dans l'écriture de ce livre a été à la fois une aventure et une révélation. En partageant ces pages avec vous, je souhaite non seulement vous guider à travers les subtilités et les défis de lancer un food truck gourmet en France, mais aussi vous inspirer à poursuivre vos rêves avec ardeur et détermination.

Chaque chapitre est conçu pour vous équiper des connaissances, des outils, et des stratégies nécessaires pour transformer une idée en une entreprise florissante. Plus qu'un guide, ce livre est un compagnon dans votre voyage entrepreneurial, vous encourageant à chaque étape et célébrant chaque petit succès.

L'entrepreneuriat est un voyage semé d'obstacles, mais aussi de joies et de satisfactions incommensurables. Mon objectif est de vous montrer que, quels que soient les défis, la persévérance, la créativité, et la passion sont les clés pour les surmonter.

Je vous invite à embarquer dans cette aventure avec un esprit ouvert, prêt à explorer, à apprendre, et surtout, à créer. Que vous soyez un cuisinier amateur rêvant de partager votre cuisine avec le monde, ou un entrepreneur chevronné cherchant votre prochain projet passionnant, ce livre a quelque chose pour vous.

Merci de m'accorder l'opportunité de partager cette passion et cette connaissance avec vous. Ensemble, transformons ces idées en opportunités et ces opportunités en succès retentissants.

Au plaisir de vous accompagner sur la route vers votre propre empire culinaire.

Avec toute ma gratitude et mes meilleurs vœux de succès,

Plume Universelle

Lancer votre

Food Truck Gourmet

Un Trajet Savoureux
vers l'Entrepreneuriat

L'appel de la route gourmande

Dans les rues animées de France, une révolution culinaire se déroule sous nos yeux. Les food trucks, autrefois simples vendeurs de snacks rapides, se sont transformés en véritables ambassadeurs de la gastronomie, proposant une cuisine raffinée et inventive à un public toujours plus large. Ce phénomène, qui a pris son essor au début des années 2010, ne montre aucun signe de ralentissement. Au contraire, l'engouement pour ces cuisines sur roues continue de croître, réinventant notre façon de découvrir et de savourer la nourriture.

L'essor des food trucks en France est le reflet d'une tendance globale à rechercher des options de restauration plus flexibles, abordables, et surtout, originales. Dans un monde où l'expérience utilisateur et la qualité des produits sont devenues primordiales, les food trucks offrent une alternative séduisante aux restaurants traditionnels. Ils incarnent la liberté d'entreprendre, permettant aux chefs de partager leur passion pour la cuisine sans les contraintes d'un établissement fixe.

Potentiel de marché

Selon une étude récente, le marché des food trucks en France a connu une croissance annuelle moyenne de 10% au cours des cinq dernières années. Cette tendance est portée par une demande croissante pour des expériences culinaires authentiques et innovantes, capables de satisfaire les palais les plus exigeants. Les consommateurs français, réputés pour leur amour de la bonne nourriture, sont de plus en plus attirés par l'idée de déguster des plats de qualité restaurant dans un cadre décontracté et convivial.

Le food truck gourmet, avec son offre de plats de haute qualité préparés à partir d'ingrédients frais et locaux, répond parfaitement à cette demande. Que ce soit pour un déjeuner rapide mais savoureux, un dîner entre amis sous les étoiles, ou un événement spécial, les food trucks gourmets offrent une expérience culinaire unique, accessible à tous les budgets.

L'avantage compétitif des food trucks réside non seulement dans leur capacité à offrir une cuisine de qualité à des prix abordables mais aussi dans leur flexibilité. Ils peuvent se déplacer là où se trouve la demande, des zones d'affaires en semaine aux événements et festivals le week-end, maximisant ainsi leur visibilité et leur rentabilité.

Conclusion

Le potentiel de marché pour les food trucks gourmets en France est immense et largement inexploité. Avec un investissement initial relativement faible, une passion pour la cuisine, et une bonne stratégie de marketing, démarrer un food truck gourmet peut se transformer en une aventure entrepreneuriale lucrative et enrichissante. Dans les pages suivantes, nous explorerons ensemble comment transformer votre rêve culinaire en réalité, en naviguant à travers les défis et les opportunités de ce marché dynamique.

Traçage
de la route
vers le succès

Avant de lancer les moteurs et de partir à l'aventure, il est essentiel de cartographier votre trajet. Cette métaphore s'applique parfaitement à la création de votre food truck gourmet. La préparation d'un plan d'affaires solide et l'analyse rigoureuse du marché sont les premiers pas vers le succès.

Élaboration du plan d'affaires

Votre plan d'affaires est à la fois une boussole et une carte. Il détaille votre vision, vos objectifs, la structure de votre entreprise, votre stratégie de marché, votre analyse financière prévisionnelle, et plus encore. Voici les éléments clés à inclure :

- **Résumé exécutif** : Une vue d'ensemble captivante de votre projet, destinée à susciter l'intérêt.
- **Description de l'entreprise :** Votre concept de food truck, les types de plats que vous comptez offrir, et ce qui rend votre offre unique.
- **Analyse de marché :** Identification de votre clientèle cible, étude de la concurrence, et tendances du marché alimentaire.

- **Stratégie de positionnement et avantages compétitifs** : Comment vous différenciez-vous ? Quelle est votre proposition de valeur ?
- **Plan marketing et ventes :** Stratégies pour attirer et retenir les clients, y compris le branding, la publicité, et les promotions.
- **Opérations** : Logistique quotidienne, fournisseurs, équipements nécessaires, et gestion des stocks.
- **Planification financière** : Coûts de démarrage, prévisions de revenus, analyse de rentabilité, et gestion du flux de trésorerie.

Analyse de marché

Une compréhension approfondie du marché est indispensable pour assurer le succès de votre food truck. Cette section doit répondre à plusieurs questions clés :

- **Qui sont vos clients ?** Définissez votre marché cible en termes de démographie, de préférences alimentaires, et de comportements d'achat.

- **Qui sont vos concurrents ?** Identifiez les autres food trucks et établissements de restauration rapide dans votre zone d'opération. Qu'offrent-ils et comment pouvez-vous vous démarquer ?
- **Quelles sont les tendances actuelles ?** La popularité croissante des régimes alimentaires spécifiques (végan, sans gluten, local et bio, etc.) peut influencer votre offre.

Stratégie de positionnement et avantages compétitifs

Pour captiver votre clientèle, vous devez clairement définir votre positionnement. Cela implique de choisir un créneau spécifique - que ce soit un type de cuisine, une démarche éco-responsable, ou une expérience client unique. Votre avantage compétitif réside dans ce qui rend votre food truck inoubliable et préférable aux yeux de vos clients cibles.

- **Innovation culinaire :** Proposez des plats qui se démarquent par leur originalité et leur qualité.

- **Expérience client :** Offrez un service rapide, un environnement agréable, et une interaction positive avec les clients.
- **Marketing ciblé :** Utilisez les réseaux sociaux et les technologies mobiles pour créer un lien direct avec votre clientèle.

Conclusion

Avec un plan d'affaires bien structuré et une analyse de marché approfondie, vous serez mieux préparé pour lancer votre food truck gourmet avec confiance. Ces outils vous guideront non seulement dans la phase de démarrage, mais serviront également de référence pour l'adaptation et la croissance futures. Dans le prochain chapitre, nous aborderons les bonnes pratiques et les stratégies de réussite pour transformer votre vision en une entreprise prospère et durable.

Les ingrédients secrets du succès

Après avoir tracé le chemin et analysé le terrain, il est temps de se concentrer sur la mise en œuvre de votre vision. Ce chapitre vous guide à travers les bonnes pratiques et les stratégies essentielles pour gérer efficacement votre food truck gourmet et assurer sa croissance.

Gestion efficace

La gestion quotidienne de votre food truck nécessite attention et précision. Voici quelques conseils pour rester sur la voie du succès :

- **Planification financière :** Tenez à jour une comptabilité détaillée et suivez de près vos dépenses et vos revenus. Utilisez des logiciels de gestion pour simplifier ce processus.
- **Gestion des stocks :** Optimisez l'achat de vos ingrédients pour éviter le gaspillage tout en garantissant la fraîcheur de vos plats.
- **Efficacité opérationnelle :** Développez des procédures pour chaque aspect de votre service, de la préparation des aliments à la

livraison au client, pour maximiser la rapidité et la qualité.

Développement et fidélisation de la clientèle

Votre succès dépend de votre capacité à attirer et retenir les clients. Adoptez ces stratégies pour construire une base de clients fidèles :

- **Expérience client exceptionnelle :** Offrez un service client irréprochable, en vous assurant que chaque interaction laisse une impression positive.
- **Marketing ciblé :** Utilisez les réseaux sociaux pour engager votre communauté, promouvoir vos offres spéciales, et partager l'histoire de votre marque.
- **Feedback et adaptation :** Soyez à l'écoute des retours de vos clients et prêt à adapter votre offre pour mieux répondre à leurs attentes.

Innovation et adaptation

Le marché de la restauration est en constante évolution. Pour rester pertinent, vous devez être prêt à innover et à vous adapter :

- **Veille concurrentielle :** Restez informé des tendances du marché et des actions de vos concurrents pour vous assurer que vous offrez quelque chose d'unique.
- **Diversification de l'offre :** Envisagez d'ajouter de nouveaux plats ou concepts à votre menu pour maintenir l'intérêt de vos clients.
- **Exploitation de la technologie :** Adoptez les dernières technologies, que ce soit pour la gestion de votre food truck ou pour améliorer l'expérience client (par exemple, commandes en ligne, paiements sans contact).

Gestion des défis et des risques

Faire face aux défis et aux risques est une partie inévitable de la gestion d'un food truck. Voici comment y faire face :

- **Anticipation des risques :** Identifiez les risques potentiels, tels que les changements réglementaires ou les crises sanitaires, et préparez des plans de contingence.
- **Flexibilité :** Soyez prêt à ajuster votre modèle d'affaires en fonction des circonstances, que ce soit par la modification de vos emplacements, de vos heures d'ouverture, ou de votre offre.
- **Réseau de soutien :** Bâtissez des relations solides avec d'autres entrepreneurs du secteur, les fournisseurs, et les organisations professionnelles pour bénéficier de conseils et de soutien.

Conclusion

Les bonnes pratiques et les stratégies de réussite décrites dans ce chapitre sont les pierres angulaires pour bâtir et maintenir un food truck gourmet prospère. En mettant l'accent sur une gestion efficace, le développement de la clientèle, l'innovation, et la gestion des risques, vous serez bien équipé pour naviguer dans le paysage dynamique de la restauration mobile et réaliser vos ambitions entrepreneuriales.

Sur la route de Gourmet Voyage

Pour illustrer les concepts abordés jusqu'à présent, nous allons suivre l'aventure fictive de "Gourmet Voyage", un food truck gourmet spécialisé dans les plats fusion innovants. Cet exemple pratique, accompagné de simulations financières, met en lumière les défis et les succès potentiels rencontrés par les entrepreneurs dans ce secteur.

Présentation de "Gourmet Voyage"

"Gourmet Voyage" est l'incarnation du rêve d'Émilie et Lucas, un couple passionné de cuisine et de voyages. Leur concept ? Offrir une expérience culinaire qui transporte leurs clients autour du monde, à travers des plats fusion combinant saveurs françaises et épices exotiques. Avec un budget de démarrage de 18 000 €, ils se lancent dans l'aventure, équipés d'un food truck acheté d'occasion et rénové pour répondre à leurs besoins.

Simulation financière initiale

Coûts de démarrage :

- Achat et rénovation du food truck : 12000€
- Équipement de cuisine et stock initial : 4000€
- Permis, assurances, et frais administratifs : 2000€

-> Total : 18000€

Revenus mensuels estimés : Avec 200 transactions par jour, un ticket moyen de 10€, et une opération sur 22 jours par mois, les revenus mensuels s'élèvent à 44000€.

Coûts opérationnels mensuels :

- Ingrédients et fournitures : 13200€ (30% des revenus, qui est le pourcentage des coûts pour les ingrédients et fournitures)
- Carburant, entretien du véhicule, et divers : 1000€
- Salaires (pour eux-mêmes) : 2500€
- Assurances et frais divers : 500€

-> Total des coûts opérationnels mensuels : 17200€

Profit mensuel estimé :

44000€ (revenus) - 17200€ (coûts) = 26800€

Avec ce niveau de transaction, Émilie et Lucas pourraient voir leur profit mensuel s'élever à 26800€, permettant un retour sur investissement beaucoup plus rapide et offrant une marge substantielle pour la croissance et l'expansion. Cela souligne l'importance cruciale de choisir un emplacement idéal pour maximiser le trafic et les ventes. Cette analyse financière révisée illustre le potentiel de succès significatif pour un food truck gourmet bien géré et stratégiquement placé.

Pour assurer la viabilité à long terme de "Gourmet Voyage", ils envisagent des stratégies telles que la diversification des emplacements, la participation à des événements et festivals, et l'offre de services de traiteur pour des occasions spéciales.

Conclusion

L'histoire de "Gourmet Voyage" illustre les réalités financières de la gestion d'un food truck gourmet, depuis le calcul des coûts de démarrage jusqu'à la gestion quotidienne des opérations et l'analyse de rentabilité. Bien que les défis financiers soient inévitables, une planification minutieuse, une gestion rigoureuse, et une stratégie d'adaptation proactive peuvent mener à un succès durable dans le secteur compétitif de la restauration mobile.

Naviguer dans les eaux réglementaires

L'exploitation d'un food truck gourmet en France ne se limite pas à la création de plats délicieux et à la gestion financière. Il est également crucial de comprendre et de respecter les nombreux aspects juridiques et réglementaires qui encadrent cette activité. Ce chapitre vous guide à travers les démarches administratives, les permis nécessaires, et les normes sanitaires pour assurer une mise en œuvre sereine de votre projet.

Inscription de l'entreprise

Avant de démarrer votre activité, vous devez inscrire votre food truck en tant qu'entreprise. En France, cela implique généralement :

- **Choix du statut juridique :** Auto-entrepreneur (maintenant appelé micro-entrepreneur), EURL, SARL, etc. Chaque statut a ses avantages et obligations spécifiques.
- **Immatriculation :** Auprès de la Chambre de Commerce et d'Industrie (CCI) pour une activité commerciale ou de la Chambre des Métiers et de l'Artisanat (CMA) si vous préparez vous-même vos plats.

- **Obtention d'un numéro SIRET :**
  Indispensable pour démarrer légalement
  votre activité.

Permis et autorisations

L'exploitation d'un food truck nécessite plusieurs
autorisations :

- **Permis de stationnement :** À obtenir auprès
  des municipalités pour vous installer dans
  des emplacements publics. Les règles et
  coûts peuvent varier d'une ville à l'autre.
- **Autorisation de vente de boissons
  alcoolisées :** Si vous prévoyez de vendre de
  l'alcool, une licence est requise.
- **Respect des normes d'hygiène :** Certification
  HACCP (Hazard Analysis Critical Control
  Point) pour garantir la sécurité et l'hygiène
  de vos plats.

Normes sanitaires et sécurité alimentaire

La sécurité alimentaire est primordiale dans l'industrie de la restauration :

- **Formation en hygiène alimentaire :** Obligatoire pour au moins une personne travaillant dans le food truck.
- **Contrôles sanitaires :** Votre food truck sera soumis à des inspections régulières pour s'assurer du respect des normes d'hygiène.
- **Gestion des déchets :** Vous devez suivre les réglementations locales concernant la gestion et l'élimination des déchets alimentaires et d'emballage.

Assurance

Souscrire à une assurance est essentiel pour protéger votre entreprise :

- **Assurance responsabilité civile professionnelle :** Pour couvrir les dommages causés à des tiers.

- **Assurance véhicule** : Spécifique aux food trucks, elle couvre à la fois le véhicule et son aménagement professionnel.
- **Assurance perte d'exploitation** : Utile en cas d'interruption de votre activité suite à un sinistre.

Conclusion

La compréhension et le respect des aspects juridiques et réglementaires sont fondamentaux pour la pérennité de votre food truck gourmet. Bien que cela puisse sembler complexe, une préparation minutieuse et le respect des procédures vous permettront de naviguer sereinement dans ces eaux réglementaires. Ce chapitre vise à démystifier ces étapes et à vous fournir les connaissances nécessaires pour lancer votre entreprise en toute conformité.

Créer un Buzz Autour de Votre Food Truck Gourmet

Dans le monde hyperconnecté d'aujourd'hui, le marketing digital et une présence active sur les réseaux sociaux sont indispensables pour mettre en lumière votre food truck gourmet. Ce chapitre vous guidera à travers des stratégies éprouvées et des outils innovants pour captiver votre audience et transformer les interactions virtuelles en ventes réelles.

Construire une Marque Mémorable en Ligne

- **Développez votre Identité Visuelle :** utilisez des outils comme Canva pour concevoir un logo accrocheur et des visuels qui racontent l'histoire de votre marque. Un contenu visuel attrayant est essentiel pour se démarquer sur les réseaux sociaux.
- **Nom et Slogan :** ChatGPT peut vous aider à brainstormer des noms créatifs et des slogans mémorables qui résonnent avec votre public cible.

Stratégies de Marketing Digital pour Élargir votre Portée

Optimisation des Médias Sociaux :

- Instagram et Facebook : Partagez des images alléchantes de vos plats et utilisez des outils comme Hootsuite ou Buffer pour planifier vos publications et engager avec votre communauté.
- Twitter : Gardez vos followers informés des emplacements et des nouveautés avec des tweets réguliers. TweetDeck peut faciliter la gestion de vos interactions.
- TikTok : Créez des vidéos captivantes qui montrent la personnalité de votre marque et les coulisses de votre cuisine. Utilisez des éditeurs vidéo comme InShot pour peaufiner vos créations.

Site Web et SEO :

Lancez un site web via WordPress ou Squarespace, intégrant un blog pour partager des histoires derrière vos plats, des mises à jour sur les emplacements, et des photos appétissantes. Assurez-vous que votre site est optimisé pour les moteurs de recherche afin d'attirer plus de trafic organique.

Promotion Directe et Engagement de la Communauté

- **Partenariats et Événements :** Collaborez avec des événements locaux ou d'autres entreprises pour augmenter votre visibilité. L'utilisation d'applications comme Street Food App peut vous aider à identifier les meilleurs emplacements pour vos services.
- **Matériel Promotionnel :** Vistaprint est une excellente ressource pour créer des menus, des flyers, et des cartes de visite qui reflètent l'essence de votre marque.

Mesurer le Succès et Ajuster Votre Stratégie

- **Analytiques des Médias Sociaux :** Exploitez les données analytiques fournies par chaque plateforme pour comprendre les préférences de votre audience et ajuster votre contenu pour une meilleure performance.

- **Feedback Actif :** Encouragez les avis et les commentaires de vos clients sur les réseaux sociaux et votre site web. Cela peut non seulement fournir des insights précieux mais aussi renforcer la confiance et la fidélité.

Récapitulatif et Conseils Finaux

Votre présence en ligne et sur les réseaux sociaux est une extension de votre food truck dans le monde numérique. En mettant en œuvre ces stratégies de marketing digital, vous pouvez attirer une audience plus large, créer un engagement significatif, et finalement, accroître vos ventes. N'oubliez pas que la clé du succès réside dans la cohérence, l'authenticité, et la capacité à raconter une histoire qui résonne avec votre public.

Mettre les Roues en Mouvement

Après avoir établi les fondations de votre food truck gourmet et élaboré une stratégie de marketing efficace, il est temps de passer à l'action. Ce chapitre se concentre sur la mise en place d'un plan de lancement robuste et l'exploration de stratégies de croissance pour assurer un avenir prospère à votre entreprise.

Lancement Initial

Votre lancement est une occasion cruciale pour faire une forte impression et attirer l'attention sur votre food truck. Voici comment s'y prendre :

- **Événement de lancement :** Organisez un événement pour célébrer l'ouverture de votre food truck. Associez-vous à des entreprises locales pour élargir votre portée et offrez des dégustations gratuites pour attirer les foules.
- **Promotion Spéciale :** Proposez des offres de lancement, comme des réductions ou des menus à prix réduit, pour encourager les premiers clients à essayer vos plats.
- **Couverture Médiatique :** Contactez les médias locaux et les influenceurs dans le

domaine de la gastronomie pour obtenir une couverture de votre lancement.

Stratégies de Croissance

Une fois lancé, il est important de ne pas rester statique. Voici quelques stratégies pour stimuler la croissance de votre food truck :

- **Expansion des Emplacements :** Variez vos emplacements pour atteindre différents publics et tester de nouveaux marchés. Utilisez des applications et des outils pour identifier les meilleurs spots.
- **Diversification du Menu :** Introduisez régulièrement de nouveaux plats pour maintenir l'intérêt de vos clients. Considérez les retours des clients pour adapter votre offre.
- **Services de traiteur :** Élargissez votre modèle d'affaires en offrant des services de traiteur pour des événements, des mariages et des fêtes d'entreprise.
- **Programme de fidélité :** Mettez en place un programme de fidélité pour encourager les

clients réguliers à revenir. Des récompenses peuvent inclure des remises, des offres exclusives, ou des plats gratuits après un certain nombre d'achats.

S'Adapter et Innover

Le marché de la restauration est en constante évolution, et il est vital de rester flexible et ouvert à l'innovation :

- **Technologie** : Intégrez les dernières technologies pour améliorer l'expérience client, comme les commandes en ligne ou les paiements sans contact.
- **Collaborations** : Participez à des collaborations avec d'autres food trucks ou des entreprises locales pour créer des événements ou des offres combinées.
- **Feedback Client** : Prenez en compte les avis et suggestions de vos clients pour améliorer continuellement votre service et votre offre.

Conclusion

Le lancement de votre food truck gourmet n'est que le début d'une aventure entrepreneuriale passionnante. En mettant en œuvre un plan de lancement solide et en adoptant des stratégies de croissance dynamiques, vous pouvez assurer la pérennité et le succès de votre entreprise. Restez attentif aux tendances du marché, à l'évolution des goûts des consommateurs, et soyez toujours prêt à innover pour rester en tête de la concurrence.

Inspirations sur la Route

Pour illustrer les principes et stratégies discutés jusqu'à présent, rien ne vaut l'exemple d'une réussite réelle dans le monde des food trucks. Ce chapitre met en lumière le parcours d'un food truck gourmet français qui a su se distinguer par son originalité, sa qualité, et sa capacité à s'adapter et à innover.

L'Ascension de "Bistro Roulant"

"Bistro Roulant" a débuté son aventure dans les rues de Lyon avec un concept simple mais audacieux : apporter la cuisine bistrot française traditionnelle dans un format mobile et accessible. Fondé par Jean et Marie, un couple passionné par la gastronomie et l'entrepreneuriat, le food truck a rapidement gagné en popularité grâce à sa proposition unique.

Clés du Succès

- Identité Forte : "Bistro Roulant" a misé sur une identité visuelle distincte et un menu qui reflète la richesse de la cuisine locale, attirant ainsi les amateurs de bonne nourriture désireux de vivre une expérience authentique.

- Emplacements Stratégiques : En choisissant soigneusement ses emplacements, notamment près des bureaux le midi et des lieux de vie nocturne le soir, le food truck a su capter une clientèle diversifiée.
- Adaptabilité : Face à la pandémie de COVID-19, "Bistro Roulant" a rapidement pivoté vers la commande en ligne et la livraison, permettant de maintenir son activité malgré les restrictions.

Expansion et Innovation

Avec le succès initial, Jean et Marie ont décidé d'élargir leur offre :

- Collaborations : Ils ont collaboré avec des producteurs locaux pour créer des plats saisonniers, renforçant ainsi leur engagement envers la qualité et la fraîcheur.

- Événements Spéciaux : "Bistro Roulant" a commencé à offrir ses services pour des événements privés, augmentant sa visibilité et son réseau de clients.
- Deuxième Truck : Forts de leur succès, ils ont investi dans un second food truck, doublant leur capacité à servir et à explorer de nouveaux emplacements.

Leçons Apprises

- La Passion Comme Moteur : La passion de Jean et Marie pour leur métier a été un facteur clé de leur succès, leur permettant de surmonter les défis et de rester motivés.
- L'Importance du Feedback : L'écoute active des retours clients a permis à "Bistro Roulant" d'affiner continuellement son offre et d'améliorer l'expérience client.
- L'Innovation en Continu : L'adoption constante de nouvelles idées et technologies a gardé "Bistro Roulant" pertinent et compétitif dans un marché en évolution.

Conclusion

L'histoire de "Bistro Roulant" illustre parfaitement comment une idée simple, exécutée avec passion, créativité, et une compréhension profonde du marché, peut se transformer en une entreprise prospère. Leur parcours sert d'inspiration pour les entrepreneurs aspirants, prouvant que, même dans un secteur compétitif, il est possible de se démarquer et de réussir avec les bonnes stratégies et une volonté d'innovation.

Navigation dans les Eaux Troubles

Lancer et gérer un food truck gourmet est une aventure excitante mais semée d'embûches. Ce chapitre vise à vous préparer aux défis courants rencontrés dans cette industrie et à vous offrir des conseils stratégiques pour les éviter ou les surmonter.

Pièges Communs

- Négliger l'Analyse de Marché : Sauter l'étape de l'analyse de marché peut mener à un positionnement inadéquat et à une offre qui ne rencontre pas la demande.
- Sous-estimer les Coûts Opérationnels : Ne pas prévoir un budget suffisant pour les imprévus et les coûts récurrents peut mettre en péril la santé financière de votre entreprise.
- Ignorer les Réglementations Locales : Chaque ville a ses propres règles concernant les food trucks. Ne pas les respecter peut entraîner des amendes ou même la fermeture de votre food truck.
- Manque de Préparation pour les Intempéries : Les conditions météorologiques peuvent

grandement affecter votre activité. Ne pas avoir de plan pour les jours de mauvais temps peut réduire significativement vos revenus.

Conseils pour Réussir

- Restez Flexible : Soyez prêt à adapter votre menu, vos emplacements, et vos heures d'ouverture en fonction de la demande et des retours clients.
- Mettez l'Accent sur la Qualité : Ne faites pas de compromis sur la qualité de vos ingrédients ou de votre service. La satisfaction client est la clé de la fidélisation et du bouche-à-oreille positif.
- Développez Votre Présence en Ligne : Utilisez les réseaux sociaux et un site web attrayant pour créer une communauté autour de votre marque et communiquer efficacement avec vos clients.
- Planifiez Financièrement : Gardez une réserve de trésorerie pour les périodes creuses et investissez prudemment dans la croissance de votre entreprise.

Adopter une Mentalité de Croissance

- Apprentissage Continu : Restez informé des tendances de l'industrie et participez à des formations pour améliorer vos compétences en gestion d'entreprise et en gastronomie.
- Réseautage : Construisez des relations avec d'autres propriétaires de food trucks, des fournisseurs, et des professionnels de l'industrie pour échanger des conseils et des opportunités.
- Innovation : N'ayez pas peur d'expérimenter avec de nouveaux concepts de menu ou de marketing pour garder votre offre fraîche et excitante.

Conclusion

Les défis sont inévitables dans le parcours entrepreneurial, mais avec une préparation adéquate et une attitude proactive, vous pouvez les naviguer avec succès. En évitant les pièges communs et en adoptant les conseils fournis, vous serez mieux équipé pour faire prospérer votre food truck gourmet dans un marché compétitif.

Prévoir et Parer aux Tempêtes

Tout voyage entrepreneurial comporte son lot d'incertitudes et de risques. Dans le domaine des food trucks, ces défis peuvent varier de problèmes logistiques à des changements dans la réglementation, en passant par des fluctuations du marché. Ce chapitre aborde les risques potentiels auxquels vous pourriez faire face et propose des stratégies pour les gérer efficacement.

Risques Financiers

- Fluctuations des Coûts : Les prix des ingrédients peuvent varier en fonction de nombreux facteurs, affectant vos marges bénéficiaires.
- Dépenses Imprévues : Des réparations d'urgence du véhicule ou de l'équipement peuvent survenir à tout moment.
- Saisonnalité : L'activité de nombreux food trucks fluctue avec les saisons, ce qui peut entraîner des périodes de revenus réduits.

Stratégies de Gestion :

- Avoir une réserve financière pour couvrir les coûts imprévus.
- Diversifier les sources de revenus, comme la livraison ou le catering, pour atténuer l'impact de la saisonnalité.

Risques Opérationnels

- Problèmes de Localisation : Difficultés à sécuriser des emplacements lucratifs ou à naviguer dans les réglementations locales.
- Maintenance du Véhicule : Les pannes et les problèmes mécaniques peuvent immobiliser votre activité.

Stratégies de Gestion :

- Établir des relations solides avec les autorités locales et les propriétaires de terrains.
- Suivre un programme de maintenance régulière pour le véhicule et l'équipement.

Risques de Réputation

- Avis Négatifs : Les critiques en ligne et les retours négatifs des clients peuvent affecter la perception de votre marque.
- Concurrence : L'émergence de nouveaux concurrents ou la saturation du marché peuvent réduire votre part de marché.

Stratégies de Gestion :

- Engager activement avec les clients pour gérer et répondre aux avis négatifs.
- Innover constamment et améliorer votre offre pour rester compétitif.

Risques Légaux et de Conformité

- Changements Réglementaires : Les nouvelles lois et réglementations peuvent impacter votre mode d'opération.
- Litiges : Les conflits juridiques peuvent survenir, liés par exemple à des accidents ou des questions de propriété intellectuelle.

<u>Stratégies de Gestion :</u>

- Se tenir régulièrement informé des changements législatifs affectant l'industrie.
- Souscrire à une assurance adéquate pour couvrir les différents types de risques.

Conclusion

Anticiper et planifier pour les risques potentiels est essentiel pour la survie et la prospérité de votre food truck. En identifiant les zones de vulnérabilité et en mettant en place des stratégies de gestion proactive, vous pouvez réduire l'impact de ces défis sur votre entreprise. La clé est de rester vigilant, flexible et toujours prêt à s'adapter aux changements de l'environnement entrepreneurial.

S'équiper
pour le Succès

Le dernier chapitre de notre guide se concentre sur l'identification et l'acquisition des ressources et du matériel essentiels pour lancer et gérer efficacement un food truck gourmet. Avoir le bon équipement et les bonnes ressources est crucial pour assurer la qualité de votre service et la satisfaction de vos clients.

Équipement de Cuisine

L'équipement de cuisine est au cœur de l'opération de votre food truck. Voici les éléments essentiels :

- Plancha et/ou grill : Pour la cuisson de viandes, poissons, et légumes.
- Friteuse : Si votre menu inclut des frites ou d'autres aliments frits.
- Réfrigérateur et congélateur : Pour conserver les ingrédients à température contrôlée.
- Espace de préparation : Plans de travail et espaces de rangement pour préparer efficacement les aliments.
- Système de ventilation : Essentiel pour maintenir une bonne qualité de l'air à l'intérieur du food truck.

Matériel de Service

Le matériel de service affecte directement l'expérience client. N'oubliez pas :

- Emballages et couverts : Choisissez des options durables pour minimiser l'impact environnemental.
- Système de caisse et paiement : Les solutions mobiles pour accepter les paiements par carte et en ligne offrent plus de flexibilité.
- Signalétique : Menus clairs et visibles, ainsi que de la signalisation pour attirer l'attention sur votre emplacement.

Ressources Technologiques

La technologie peut considérablement améliorer l'efficacité de votre food truck :

- Logiciel de gestion : Pour la planification des ressources, la gestion des stocks et la comptabilité.

- Application de commande en ligne : Permet aux clients de passer commande à l'avance, réduisant ainsi les files d'attente.
- Réseaux sociaux et outils de marketing : Essentiels pour la promotion et l'engagement client.

Formations et Compétences

- Hygiène et sécurité alimentaire : Des formations certifiées sont nécessaires pour garantir la conformité aux normes sanitaires.
- Gestion d'entreprise : Des connaissances en gestion financière, en marketing et en gestion des ressources humaines peuvent être cruciales pour le succès.

Conclusion

Lancer un food truck gourmet nécessite plus qu'une passion pour la cuisine ; il faut également s'équiper des bons outils et ressources. En investissant dans l'équipement de qualité, en adoptant la technologie, et en développant vos compétences, vous poserez les bases solides nécessaires pour prospérer dans l'industrie de la restauration mobile. N'oubliez pas que chaque choix en matière d'équipement et de ressources doit être aligné avec votre concept, votre menu, et vos objectifs d'affaires pour maximiser votre efficacité et votre rentabilité.

Votre Voyage Commence Maintenant

Félicitations ! Vous avez parcouru un long chemin depuis l'introduction de ce guide. Vous avez exploré des idées de business innovantes, appris à rédiger un plan d'affaires solide, navigué à travers les défis juridiques et réglementaires, et découvert comment attirer et fidéliser une clientèle grâce à des stratégies de marketing efficaces. Vous avez également été guidé à travers des exemples concrets, des conseils pratiques pour éviter les pièges communs, et les meilleurs moyens de gérer les risques potentiels. Enfin, nous avons discuté des ressources et du matériel nécessaires pour équiper votre food truck pour le succès.

Les Prochaines Étapes

Avec ces connaissances en main, vous êtes maintenant prêt à entreprendre les prochaines étapes de votre aventure culinaire :

- Validation de votre idée : Assurez-vous que votre concept de food truck réponde à un besoin réel sur le marché et qu'il possède un avantage compétitif distinct.

- Planification et préparation : Affinez votre plan d'affaires, préparez votre budget, et planifiez soigneusement votre lancement pour maximiser vos chances de succès.
- Action : Lancez-vous ! Commencez par de petites étapes, apprenez de chaque expérience, et restez agile pour adapter votre stratégie au besoin.

Gardez l'Esprit d'Entrepreneur

L'entrepreneuriat est un voyage de découverte de soi, de résilience et de croissance. Il y aura des défis et des obstacles, mais avec la passion, la détermination, et les connaissances que vous avez acquises :

- Soyez persévérant : Chaque échec est une leçon apprise et une opportunité de croissance.
- Restez curieux : Soyez toujours à l'affût de nouvelles idées, tendances, et innovations dans l'industrie alimentaire.

- Cultivez votre réseau : Entourez-vous de mentors, de pairs, et de professionnels qui peuvent vous soutenir et vous inspirer.

Conclusion Inspirante

Votre rêve de lancer un food truck gourmet est désormais à portée de main. Armé de passion, de connaissances, et d'une volonté de réussir, vous avez tout ce qu'il faut pour faire de ce rêve une réalité. Rappelez-vous que chaque grand voyage commence par un petit pas. Il est temps de prendre ce pas et de commencer à écrire votre propre histoire de succès.